KB034025

가장
알기 쉽게
배우는

초등

하루 일과
실생활
기본문장
수록

생활영어

STEP BY STEP

가장 알기 쉽게 배우는

초등 생활 영어
STEP BY STEP

저 자 방정인
발행인 고본화
발 행 반석출판사
2020년 7월 15일 초판 1쇄 인쇄
2020년 7월 20일 초판 1쇄 발행
홈페이지 www.bansok.co.kr
이메일 bansok@bansok.co.kr
블로그 blog.naver.com/bansokbooks

07547 서울시 강서구 양천로 583. B동 1007호
         (서울시 강서구 염창동 240-21번지 우림블루나인 비즈니스센터 B동 1007호)
대표전화 02) 2093-3399 **팩 스** 02) 2093-3393
출 판 부 02) 2093-3395 **영업부** 02) 2093-3396
등록번호 제315-2008-000033호

ISBN 978-89-7172-916-8 (63740)

■ 교재 관련 문의: bansok@bansok.co.kr을 이용해 주시기 바랍니다.
■ 파본 및 잘못된 제품은 구입처에서 교환해 드립니다.

가장 알기 쉽게 배우는

초등

하루 일과 실생활 기본문장 수록

생활영어

STEP BY STEP

반석출판사

Bansok

머리말

　국제화 시대, 지구촌 시대를 맞이하여 영어회화의 필요성은 날로 증대하고 있습니다.

　2015년 개정 교육과정이 시행되고 있는 지금, 초·중학교 영어 교육에서는 듣기와 말하기가 강조되고 있는 상황입니다. 특히 정규 과목으로 선정되어 교육되고 있는 초등학교 영어 과정에서부터 듣기와 말하기는 잘 배양해야 할 능력으로 자리 잡았다고 할 수 있습니다.

　그러나 이때의 듣기와 말하기는 더 이상 앵무새처럼 주어진 말을 듣고 따라하는 것에 그치지 않습니다. 실제의 일상생활에서 우리말처럼 자유롭게 사용할 수 있는 듣기와 말하기 능력을 이야기하는 것입니다.

　창의융합형 인재양성과 문·이과 통합을 추구하는 개정 교육과정에서 영어는, 특히 영어회화는 더 이상 특정한 아이들만의 몫으로 주어지고 있지 않습니다. 모든 아이들이 이제는 자유롭게 자신이 생각하고 얘기하고자 하는 바를 영어로 표현할 수 있어야 하는 시기인 것입니다.

　반석출판사에서는 『초등 생활 영어 STEP BY STEP』을 출간하여 초등학생의 하루 일과를 25과에 걸쳐 대화로 이어나갔습니다. 경우에 따라 이 내용을 롤-플레이 혹은 Short Play로 연극을 하면 아주 흥미롭고 산 생활 영어 회화가 될 것입니다.

　영어회화를 습득하는 데에 있어서 롤-플레이 혹은 연극의 유용성은 미처 다 강조할 수 없을 것입니다. 롤-플레이 혹은 연극은 재미있고 학습에 동기부여를 할 수 있습니다. 그리고 이를 통해 학생들도 자신을 표현할 수 있고, 교실 영어의 한계를 벗어나 보다 넓은 세계를 통해 더 많은 언어를 경험하게 할 수 있습니다.

　『초등 생활 영어 STEP BY STEP』을 통해 학생들의 생활 영어 회화의 교육이 성공하기를 기원하는 바입니다.

저자 방정인

목차

이 책은 크게 대화문과 대화문을 연습해 볼 수 있는 부분, 대화문의 응용편인 Pattern Practice, 영어에 관련된 다양한 지식을 모아 놓은 영어의 산책, 그리고 앞서 배운 내용들을 점검해 볼 수 있는 문형연습으로 구성되어 있습니다.

어린이는 대화문을 보며 책과 함께 제공되는 mp3 CD를 듣는 것으로 학습을 시작합니다. 대화문을 한 차례 들은 후 어린이는 대화를 따라 읽게 됩니다. 필요한 만큼 반복해서 대화를 듣고 읽은 후에는 대화문과 관련해서 제공되는 그림과 글을 보며 영어로 말하기 연습을 합니다.

다음으로 Pattern Practice를 보고 듣게 되는데, 어린이는 이번에도 역시 한 차례 대화 상황을 들은 후 대화문을 따라 읽게 됩니다. 두 차례에 걸친 듣기와 읽기/말하기를 통해 응용된 대화문 역시 잘 습득하게 됩니다.

대화문에 대한 학습을 마친 후 어린이는 학습한 과의 대화문에서 발견할 수 있는 문법 내용을 포함하여 영어에 관련된 재미난 사실들을 읽어보며 공부한 내용에 대한 이해를 심화시키거나 영어에 대한 호기심을 불러일으킬 수 있습니다.

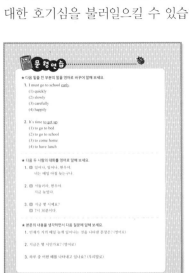

마지막으로 앞서 배운 표현들을 응용해서 말하고 복습해보는 과정을 통해 지금까지 배운 내용들을 다시 상기해 볼 수 있게 됩니다.

이러한 과정들을 통해 학습한 내용을 바탕으로 어린이는 부모님 혹은 친구들과 함께 앞서 배운 대화문을 바탕으로 롤-플레이 혹은 짧은 연극을 펼쳐볼 수 있을 것입니다. 재미있고 창조적으로, 그리고 적극적으로 책을 활용함으로써 생활 영어 회화를 정복해 봅시다.

WAKE UP, WAKE UP, MIN-JAE.

LESSON 1

Mom: Wake up, wake up, Min-jae.
　　　You're late this morning again.

Min-jae: Oh, Mom. I'm sleepy.
　　　　　What time is it now?

Mom: It is already seven-thirty.
　　　It's time to go to school.

Min-jae: Really? Seven thirty?
　　　　　I must hurry up.

★ 다음 그림을 보고 연상하면서 영어로 말해 보세요.

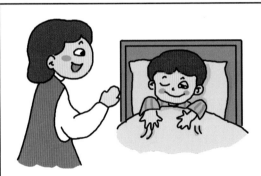

★ 다음 글을 읽고 영어로 말하고 영어로 써 보세요.

엄마: 일어나, 일어나, 민재야.
　　　넌 오늘 아침 또 늦었구나.

민재: 오, 엄마, 전 졸려요.
　　　지금 몇 시죠?

엄마: 벌써 7시 30분이야.
　　　학교에 가야 할 시간이다.

민재: 정말? 7시 30분?
　　　서둘러야겠네.

1. A: Wake up, wake up, Hyun-woo.
   You're late every morning.

2. A: Hurry up, Hyun-woo.
   You're late.

3. A: What time is it now?
   B: It is already seven-thirty.

4. A: What time is it now?
   B: It is half past seven.

5. It's time to get up.
   It's time to go to bed.

6. I must go to school early.
   I have to come back home early.

 영어의 산책

☑ must와 have to의 비교

1. must: (꼭 ~해야 한다) 말하는 사람이나 또는 듣는 사람의 의지가 들어 있다.
   You must get up early.
   I must go to bed early.

2. have to: (~해야 하는데) 대화자의 의지와는 관계없이 외적인 이유, 습관, 규정
   등에 의해 그렇게 할 수밖에 없다는 느낌이 들 때.
   You have to take off your shoes.
   I have to be quiet in class.

★ 다음 밑줄 친 부분의 말을 영어로 바꾸어 말해 보세요.

1. I must go to school <u>early</u>.
   (1) quickly
   (2) slowly
   (3) carefully
   (4) happily

2. It's time <u>to get up</u>.
   (1) to go to bed
   (2) to go to school
   (3) to come home
   (4) to have lunch

★ 다음 두 사람의 대화를 영어로 말해 보세요.

1. Ⓐ 일어나, 일어나, 현우야.
   너는 매일 아침 늦는구나.

2. Ⓐ 서둘러라, 현우야.
   지금 늦었다.

3. Ⓐ 지금 몇 시예요?
   Ⓑ 7시 30분이다.

★ 본문의 내용을 생각하면서 다음 질문에 답해 보세요.

1. 민재가 거의 매일 늦게 일어나는 것을 나타낸 문장은? (영어로)

2. 지금은 몇 시인가요? (영어로)

3. 하루 중 어떤 때를 나타내고 있나요? (우리말로)

WASH YOUR FACE AND HANDS.

LESSON 2

Mom: Wash your face and hands quickly.
Have some toast with milk.

Min-jae: I won't eat breakfast.
I'm very late for school.

Min-jae: Dad, can you drive me to school?
I have to get to school before eight.

Dad: I'm sorry I can't. I'm late, too.
You'd better go to school by bus.

★ 다음 그림을 보고 연상하면서 영어로 말해 보세요.

★ 다음 글을 읽고 영어로 말하고 영어로 써 보세요.

엄마: 빨리 세수하렴.
　　　약간의 토스트와 우유를 먹으렴.

민재: 아침 안 먹을래요.
　　　학교에 너무 늦었거든요.

민재: 아빠, 저를 학교까지 태워 주실 수 있나요?
　　　8시 전에 학교에 가야 하거든요.

아빠: 미안하지만 그럴 수가 없어. 나도 늦었거든.
　　　너는 버스로 학교에 가는 것이 좋겠다.

1. A: Wash your hands before meals.
   B: O.K.

2. A: Can you give me a ride to school?
   B: I'm sorry I can't.

3. Brush your teeth before meals.
   Brush your teeth after meals.

4. I'm very late for school.
   I'm very late for the party.

5. You'd better go to school by bus.
   Why don't you go to school by bus?

6. You'd better have breakfast.
   Have breakfast.

 영어의 산책

☑ 명령이나 권유할 때의 여러 가지 표현

1. 아랫사람한테 말할 때
   Wash your hands.
   You'd better wash your hands.

2. 윗사람한테 말할 때
   Why don't you wash your hands?
   Would you wash your hands?

★ 다음 밑줄 친 부분의 말을 영어로 바꾸어 말해 보세요.

1. Brush your teeth before <u>meals</u>.
   (1) breakfast
   (2) lunch
   (3) going to bed
   (4) going out

2. I'm too late for <u>school</u>.
   (1) the party
   (2) the meeting
   (3) home
   (4) the office

★ 다음 두 사람의 대화를 영어로 말해 보세요.

1. Ⓐ 식사 전에 손을 씻으렴.
   Ⓑ 예, 알았어요.

2. Ⓐ 학교에 저를 차 태워 주실 수 있나요?
   Ⓑ 할 수 없어서 미안하다.

3. Ⓐ 너는 버스로 학교에 가는 것이 좋겠다.
   Ⓑ 예, 알았어요.

★ 본문의 내용을 생각하면서 다음 질문에 답해 보세요.

1. 민재가 아침을 먹지 않겠다는 이유를 나타내는 문장은? (영어로)

2. 아버지가 출근할 때 이용하는 교통수단은? (우리말로)

3. 누가 민재에게 버스를 타고 가라고 했나요? (우리말로)

WHERE IS MY TEXT BOOK?

LESSON 3

Min-jae: Mom, where is my text book?
Mom: It's in your school bag already.

Min-jae: Thank you, Mom.
Mom: Look out for cars.

Min-jae: Yes, I will.
Don't worry about me.

Min-jae: Bye-bye, Dad.
Dad: Have a good day.

★ 다음 그림을 보고 연상하면서 영어로 말해 보세요.

★ 다음 글을 읽고 영어로 말하고 영어로 써 보세요.

민재: 엄마, 제 교과서 어디에 있어요?

엄마: 벌써 네 책가방에 있단다.

민재: 엄마, 고맙습니다.

엄마: 차들을 조심해라.

민재: 예, 조심할 거예요.
　　　걱정 마세요.

민재: 아빠, 다녀오겠습니다.

아빠: 잘 다녀오너라.

1. A: Mom, where is my text book?
   B: It's on the table.

2. A: Mom, where are my socks?
   B: They're on the bed.

3. A: Be careful of cars.
   B: O.K. I will.

4. A: Watch out!
   B: Thank you.

5. Have a good day.
   Have a nice day.

6. Have a good time.
   Enjoy your trip.

 영어의 산책

☑ 동물의 울음소리

1. 수탉의 울음소리
   우리나라 수탉: 꼬끼오!
   영국, 미국 수탉: cock-a-doodle-doo!

2. 고양이의 울음소리
   우리나라 고양이: 야-옹! 야-옹!
   영국, 미국 고양이: Meow! Meow!

★ 다음 밑줄 친 부분의 말을 영어로 바꾸어 말해 보세요.

1. Mom, where <u>is</u> my <u>text book</u>?
   (1) is, bag
   (2) is, album
   (3) are, shoes
   (4) are, socks

2. Enjoy your <u>trip</u>.
   (1) stay in Seoul
   (2) visit to Korea
   (3) holiday
   (4) summer vacation

★ 다음 두 사람의 대화를 영어로 말해 보세요.

1. Ⓐ 엄마, 제 양말 어디에 있어요?
   Ⓑ 침대 위에 있단다.

2. Ⓐ 자동차를 조심해라.
   Ⓑ 예, 알았어요.

3. Ⓐ 조심해!
   Ⓑ 고마워.

★ 본문의 내용을 생각하면서 다음 질문에 답해 보세요.

1. 민재의 교과서는 지금 어디에 있는가? (영어로)

2. 엄마가 민재에게 염려의 표시를 하는 문장은? (영어로)

3. 민재가 엄마에게 염려 말라는 표현의 문장은? (영어로)

LET'S TAKE A BUS.

Min-jae: Hi, Seo-yeon.
Seo-yeon: Hi, Min-jae.

Min-jae: You're late this morning, too.
Seo-yeon: Yes, let's take a bus.

Min-jae: Here comes the bus number 3500 now.
Seo-yeon: We'll have to run to catch it.

Min-jae: After you.
Seo-yeon: Thanks, let's get on quickly.

★ 다음 그림을 보고 연상하면서 영어로 말해 보세요.

★ 다음 글을 읽고 영어로 말하고 영어로 써 보세요.

민재: 안녕, 서연아.
서연: 안녕, 민재야.

민재: 너도 오늘 아침 늦었구나.
서연: 그래, 버스를 타자.

민재: 지금 3500번 버스 온다.
서연: 버스 타러 빨리 뛰어야겠다.

민재: 먼저 타.
서연: 빨리 타자.

PATTERN PRACTICE

1. A: We're late for school.
   B: Yes, let's run to school.

2. A: We're late for the party.
   B: Yes, let's get a taxi.

3. A: I'm sorry I'm late.
   B: That's all right.

4. A: I'm sorry I'm busy.
   B: That's O.K.

5. A: After you, Seo-yeon.
   B: Thank you, let's get on the bus.

6. A: Ahead, Seo-yeon.
   B: Thank you, let's get on the bus.

 영어의 산책

☑ 우리말화한 외래어

버스(bus)	택시(taxi)	컵(cup)	라디오(radio)
잉크(ink)	케이크(cake)	펜(pen)	카메라(camera)
파티(party)	카드(card)	소파(sofa)	컴퓨터(computer)
필름(film)	피아노(piano)	핀(pin)	아이스크림(ice cream)

★ 다음 밑줄 친 부분의 말을 영어로 바꾸어 말해 보세요.

1. I'm sorry <u>I'm late</u>.
   (1) I'm busy
   (2) I can't go to the party
   (3) I made a mistake
   (4) I can't go with you

2. Let's <u>get on</u> the bus.
   (1) get off
   (2) ride
   (3) catch
   (4) run after

★ 다음 두 사람의 대화를 영어로 말해 보세요.

1. Ⓐ 학교에 늦었다.
   Ⓑ 그래, 학교로 빨리 뛰자.

2. Ⓐ 파티에 늦었다.
   Ⓑ 그래, 택시 타자.

3. Ⓐ 서연아, 너 먼저.
   Ⓑ 고마워, 버스를 타자.

★ 본문의 내용을 생각하면서 다음 질문에 답해 보세요.

1. 민재와 서연이 중에서 누가 먼저 버스를 타자고 했나요? (우리말로)

2. 민재와 서연이는 왜 뛰었나요? (우리말로)

3. 버스를 누가 먼저 탔나요? (우리말로)

THE BUSES ARE ALWAYS CROWDED.

Min-jae: The buses are always crowded during rush hour. Take my hand, Seo-yeon.

Seo-yeon: Thanks, how long does it take to go to school by bus? I usually walk to school.

Min-jae: It takes about five minutes.

Seo-yeon: Do we have to get off at the next bus stop?

Min-jae: All right. Here we are. Let's get off the bus.

Seo-yeon: Let's run to school.

★ 다음 그림을 보고 연상하면서 영어로 말해 보세요.

★ 다음 글을 읽고 영어로 말하고 영어로 써 보세요.

민재: 버스들은 러시아워(출퇴근 시간)에 늘 붐벼.

　　　내 손 잡아, 서연아.

서연: 고마워, 버스로 학교에 가는 데 얼마나 걸리니?

　　　나는 보통 학교에 걸어서 가.

민재: 약 5분 걸려.

서연: 다음 버스정류장에서 내려야 해?

민재: 그래, 여기다. 버스에서 내리자.

서연: 학교로 뛰어가자.

1. A: How long does it take to go to your school by bus?
   B: It takes thirty minutes by bus.

2. A: How long does it take to go to your school from here by car?
   B: It takes about fifteen minutes.

3. A: Where is my book?
   B: Here it is.

4. A: Where is my bag?
   B: Right here.

5. I usually walk to school.
   I always walk to school.

6. The buses are usually crowded.
   The buses are always crowded.

 영어의 산책

☑ 교과서에서 잘 쓰이지 않는 표현들

1. 아야!   Ouch! ····················· 누가 꼬집을 때
2. 꼼짝 마!   Hold it! ··················· 움직이지 못하도록 소리칠 때
3. 손 들어!   Hands up! ················ 두 손을 들라고 명령할 때
4. 깜짝이야! Surprise! ················· 누가 놀라게 할 때
5. 와!   Wow! ····················· 기분 좋아서 소리칠 때

★ 다음 밑줄 친 부분의 말을 영어로 바꾸어 말해 보세요.

1. <u>The buses</u> are always crowded during rush hour.
   (1) The subways
   (2) The cars
   (3) The bus stops
   (4) The highways

2. How long does it take <u>to go to school</u>?
   (1) to take a bath
   (2) to have lunch
   (3) to read the book
   (4) to walk to the park

★ 다음 두 사람의 대화를 영어로 말해 보세요.

1. Ⓐ 내 책 어디에 있어요?
   Ⓑ 여기에 있어요.

2. Ⓐ 내 가방 어디에 있어요?
   Ⓑ 바로 여기에요.

3. Ⓐ 버스로 당신의 집에 가는 데 얼마나 걸려요?
   Ⓑ 버스로 20분 걸려요.

★ 본문의 내용을 생각하면서 다음 질문에 답해 보세요.

1. 어느 때 버스는 항상 만원인가요? (영어로)

2. 학교까지 버스로 얼마나 걸리나요? (영어로)

3. 민재와 서연이는 평소에 학교에 어떻게 갔나요? (우리말로)

WATCH OUT FOR THE CAR.

Min-jae: Watch out for the car coming around the corner.
Seo-yeon: I got it.

Min-jae: What time is it?
Seo-yeon: It's almost eight.

Min-jae: We can not see any students.
Seo-yeon: We have to get to our classroom before eight.

Min-jae: Our school begins on time.
Seo-yeon: Maybe our teacher is already in the classroom.

★ 다음 그림을 보고 연상하면서 영어로 말해 보세요.

 ★ 다음 글을 읽고 영어로 말하고 영어로 써 보세요.

민재: 모퉁이 도는 차를 조심해.

서연: 알았어.

민재: 몇 시지?

서연: 거의 8시야.

민재: 학생들이 아무도 없네.

서연: 8시 전에 교실에 도착해야 해.

민재: 수업은 정시에 시작해.

서연: 어쩌면 선생님이 벌써 교실에 계실지도 몰라.

1. A: Watch out for cars when you're crossing the road.
   B: Yes, I got it.

2. A: Watch out for cars when you're riding a bike.
   B: O.K.

3. We can see some students in the playground.
   We can not see any students in the playground.

4. We have to get to the classroom before eight.
   We have to be in the classroom before eight.

5. Our school begins at eight.
   Our class begins on time.

6. Our homeroom teacher is already in the classroom.
   Our teacher is not in the classroom yet.

 영어의 산책

☑ 자동차의 경적소리

우리나라 자동차의 경적소리: 빵! 빵
미국 자동차의 경적소리: Honk! Honk!

★ 다음 밑줄 친 부분의 말을 영어로 바꾸어 말해 보세요.

1. We have to <u>get to</u> school before eight.
   (1) arrive at
   (2) leave
   (3) go to
   (4) come to

2. Our school begins <u>at eight</u>.
   (1) on time
   (2) before eight
   (3) after eight
   (4) soon

★ 다음 두 사람의 대화를 영어로 말해 보세요.

1. Ⓐ 그 개를 조심해라.
   Ⓑ 예, 알았습니다.

2. Ⓐ 그 자동차를 조심해라.
   Ⓑ 예, 알았습니다.

3. Ⓐ 몇 시예요?
   Ⓑ 거의 8시예요.

★ 본문의 내용을 생각하면서 다음 질문에 답해 보세요.

1. 민재와 서연이가 학교에 도착한 것은 몇 시인가요? (영어로)

2. 수업은 몇 시에 시작하나요? (영어로)

3. 선생님은 항상 늦었나요? (우리말로)

MY TEACHER HAS NOT SHOWN UP YET.

Min-jae: Wow! My teacher has not shown up yet.
Seo-yeon: Let's take a seat quickly.

Min-jae: What happened to him?
Hyun-woo: Who knows?

Seo-yeon: He's coming now. Be quiet.
Students: Good morning, Mr. Kim.

Mr. Kim: Good morning, everyone.
          I'm sorry I'm late this morning.

★ 다음 그림을 보고 연상하면서 영어로 말해 보세요.

★ 다음 글을 읽고 영어로 말하고 영어로 써 보세요.

민재: 와! 선생님이 아직 안 오셨네.

서연: 빨리 자리에 앉자.

민재: 선생님께 무슨 일이 있으신가?

현우: 누가 알아?

서연: 선생님이 오신다. 조용히 해.

학생들: 안녕하세요, 선생님.

김 선생님: 안녕하세요, 여러분.

　　　　　오늘 아침에 늦어서 미안합니다.

1. A: Our teacher hasn't shown up yet.
   B: Let's take seats quickly.

2. A: Our teacher hasn't arrived yet.
   B: Come on, have a seat.

3. A: What happened to him?
   B: Nobody knows.

4. A: What's the matter?
   B: Nothing.

5. A: He's coming now.
   B: Be quiet.

6. A: He's coming soon.
   B: Be silent.

 영어의 산책

☑ 동물의 울음소리

1. 개의 울음소리
   우리나라의 개: 멍! 멍!
   영국, 미국의 개: bowwow! bowwow!

2. 소의 울음소리
   우리나라의 소: 음메!
   영국, 미국의 소: moo! moo!

LESSON 7

★ 다음 밑줄 친 부분의 말을 영어로 바꾸어 말해 보세요.

1. Please <u>take a seat</u>.

    (1) have a seat

    (2) sit down

    (3) stand up

    (4) get up

2. Our teacher doesn't <u>show up</u> yet.

    (1) appear

    (2) arrive

    (3) wake up

    (4) come back

★ 다음 두 사람의 대화를 영어로 말해 보세요.

1. Ⓐ 그에게 무슨 일이 있어요?
   Ⓑ 아무도 몰라요.

2. Ⓐ 무슨 일이에요?
   Ⓑ 아무것도 아니에요.

3. Ⓐ 우리 선생님이 곧 오실 거야.
   Ⓑ 조용히 해!

★ 본문의 내용을 생각하면서 다음 질문에 답해 보세요.

1. 선생님이 학생들에게 한 말은? (영어로)

2. 민재와 서연이는 선생님보다 일찍 교실에 들어갔나요? (우리말로)

3. 민재와 서연이가 교실에 도착했을 때 다행이라고 여긴 이유는? (우리말로)

I'LL CALL YOUR NAMES.

Mr. Kim: I'll call your names.
　　　　Min-jae, Hyun-woo, Seo-yeon, Ji-min, ...
Students: Here sir, Here sir, ...

Mr. Kim: Is Ji-min absent?

Min-jae: Yes, she is absent today.
　　　　Oh, she is coming here.

Ji-min: Sorry for being late, Mr. Kim.
　　　　I overslept and was caught in traffic.

★ 다음 그림을 보고 연상하면서 영어로 말해 보세요.

★ 다음 글을 읽고 영어로 말하고 영어로 써 보세요.

김 선생님: 여러분의 이름을 부르겠습니다.
　　　　　민재, 현우, 서연, 지민이, ...

학생들: 예, 예, ...

김 선생님: 지민이 결석했니?

민재: 예, 지민이는 오늘 결석했어요.
　　　오, 지민이가 저기 오고 있네요.

지민: 늦어서 죄송합니다, 선생님.
　　　늦잠을 잔 데다가 차가 막혔어요.

1. A: Is anybody absent?
   B: No, nobody is absent.

2. A: Is everybody here?
   B: Yes, we're all present.

3. A: Sorry, I'm late.
   B: You'd better not be late next time.

4. A: Sorry for being late.
   B: Don't be late next time.

5. I'll call your name.
   I'm going to call your name.

6. I overslept last night.
   I am a sleepy head.

영어의 산책

☑ 단어에 대한 의미에서 영국이나 미국 사람이 우리와 비슷한 것도 있지만 전혀 다른 것도 있다.

1. 여우(fox): '약고 교활한' 이미지보다는 운동선수 같은 사람이 '빈틈없을 때' 쓰인다. 또는 '미녀'를 가리키기도 한다.

2. 고양이(cat): 고양이는 마귀처럼 생각되는데, 특히 검은 고양이는 '악마의 사자'라고까지 생각된다. 또는 '심술이 고약한 여자'도 그렇게 부른다.

★ 다음 밑줄 친 부분의 말을 영어로 바꾸어 말해 보세요.

1. Sorry for <u>being</u> late.
   (1) coming
   (2) arriving
   (3) getting up
   (4) going to bed

2. She <u>is</u> absent.
   (1) was
   (2) will be
   (3) may be
   (4) will not be

★ 다음 두 사람의 대화를 영어로 말해 보세요.

1. Ⓐ 결석한 사람 있어요?
   Ⓑ 아니오, 아무도 결석한 사람 없어요.

2. Ⓐ 모두 출석했나요?
   Ⓑ 예, 모두 출석했어요.

3. Ⓐ 늦어서 미안합니다.
   Ⓑ 다음 번에는 늦지 마라.

★ 본문의 내용을 생각하면서 다음 질문에 답해 보세요.

1. 지민이는 오늘 결석하였나요? (영어로)

2. 지각한 학생은 누구인가요? (우리말로)

3. 지각한 학생이 늦은 이유 두 가지는? (우리말로)

IT'S TIME FOR CLASS TO BEGIN.

Mr. Kim: It's time for class to begin now.
Did you do your homework?
Students: Yes, we did.

Mr. Kim: Hand in your homework right now.
Students: Here it is. (All together)

Mr. Kim: Good. You are my good students.
Where were we last time?
Students: At the end of page 15.

★ 다음 그림을 보고 연상하면서 영어로 말해 보세요.

★ 다음 글을 읽고 영어로 말하고 영어로 써 보세요.

김 선생님: 자, 수업 시작할 시간이에요.
　　　　　숙제들 해 왔나요?
학생들: 예, 해 왔어요.

김 선생님: 바로 숙제들을 내놓으세요.
학생들: 여기 있습니다. (다같이)

김 선생님: 좋아, 여러분은 착한 학생들이로군요.
　　　　　지난번에 우리 어디 나갔지요?
학생들: 15페이지 끝에요.

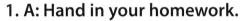

1. A: Hand in your homework.
   B: Here it is.

2. A: Turn in your homework.
   B: Here you are.

3. A: Where were we last time?
   B: At the beginning of page 17.

4. A: Where were you last time?
   B: In the middle of page 17.

5. It's time for class to begin now.
   It's time for class now.

6. What lesson are we on today?
   What page are we on today?

 영어의 산책

☑ 일반적인 경칭의 종류

1. Mr.: 남자에게 붙이는 호칭. 선생님, 심지어는 대통령에게도 붙인다.
2. Mrs.: 기혼 부인에게 붙이는 호칭
3. Miss: 미혼 여성에게 붙이는 호칭
4. Ms.: 미혼, 기혼 여성에게 붙이는 호칭

LESSON 9

★ 다음 밑줄 친 부분의 말을 영어로 바꾸어 말해 보세요.

1. It's time for <u>class to begin</u> now.
   (1) Min-jae to get up
   (2) Seo-yeon to go to bed
   (3) him to study
   (4) her to play the piano

2. Did <u>you</u> do <u>your</u> homework?
   (1) he, his
   (2) she, her
   (3) Tom, his
   (4) Jane, her

★ 다음 두 사람의 대화를 영어로 말해 보세요.

1. Ⓐ 숙제를 내 주세요.
   Ⓑ 여기에 있습니다.

2. Ⓐ 오늘 우리 몇 과지?
   Ⓑ 17페이지 처음이에요.

3. Ⓐ 오늘 우리 몇 페이지지?
   Ⓑ 17페이지 중간이에요.

★ 본문의 내용을 생각하면서 다음 질문에 답해 보세요.

1. 선생님이 학생들에게 무엇이라고 칭찬하셨나요? (영어로)

2. 숙제를 해 오지 않은 학생들이 있나요? (우리말로)

3. 지난번에 어디까지 배웠나요? (우리말로)

STOP TALKING, PLEASE.

Mr. Kim: Stop talking, please.
You're making too much noise.
Students: Oh, sorry, sir.

Mr. Kim: O.K. Open your books to page 16.
Students: All right, sir.

Mr. Kim: Now read aloud after me all together.
Students: Yes, sir.

Mr. Kim: Time's up. Let's have a ten-minute break.

★ 다음 그림을 보고 연상하면서 영어로 말해 보세요.

★ 다음 글을 읽고 영어로 말하고 영어로 써 보세요.

김 선생님: 제발 말 좀 그만해요.

　　　　　너희들은 너무 떠들고 있어.

학생들: 죄송합니다, 선생님.

김 선생님: 좋아, 책 16페이지를 펴세요.

학생들: 알겠어요, 선생님.

김 선생님: 자, 모두 나를 따라 크게 읽어 보세요.

학생들: 예, 선생님.

김 선생님: 시간이 다 되었네요. 10분 쉽시다.

1. A: No talking in class.
   B: Oh, I'm sorry, ma'am.

2. A: Don't talk to your neighbors in class.
   You're always talking to your neighbors in class.

3. A: Open your books to page 17.
   B: Yes, sir.

4. A: Look at page 17.
   B: All right, ma'am.

5. Time's up. See you tomorrow.
   Our lesson is over. See you the next day.

6. Please read after me.
   Please repeat after me.

 영어의 산책

LESSON 10

☑ 서양 사람들의 제스처와 우리들의 제스처 차이점

1. 엄지손가락과 둘째손가락으로 동그라미를 그린다.
   한국사람: 돈을 빌려 달라고 할 때
   미국사람: 문제없어(O.K.)
2. 사람을 부를 때
   한국사람: 손가락 다섯 개를 모두 아래로 하여 부른다.
   미국사람: 둘째손가락을 쳐들어 구부린다.

★ 다음 밑줄 친 부분의 말을 영어로 바꾸어 말해 보세요.

1. <u>Stop talking</u>, please.
   (1) Be quiet
   (2) Be silent
   (3) Quiet down
   (4) Shut up

2. You make a <u>noise</u>.
   (1) friend
   (2) speech
   (3) mistake
   (4) promise

★ 다음 두 사람의 대화를 영어로 말해 보세요.

1. Ⓐ 17페이지 펴 주세요.
   Ⓑ 예, 선생님.

2. Ⓐ 나를 따라 읽어 주세요.
   Ⓑ 예, 알았습니다.

3. Ⓐ 수업이 끝났습니다.
   Ⓑ 감사합니다, 선생님.

★ 본문의 내용을 생각하면서 다음의 질문에 답해 보세요.

1. 선생님이 학생들에게 몇 페이지를 펴라고 하셨나요? (영어로)

2. 학생들이 떠들 때에는 수업이 끝났을 때인가요? (우리말로)

3. 수업이 끝난 후에 몇 분 쉬나요? (우리말로)

I'M SO HUNGRY.

LESSON 11

Min-jae: I'm so hungry.
I didn't have breakfast in the morning.
I'll have bread right now.

Hyun-woo: We have no time to eat.
You had better wait till lunch time.
Our teacher is coming soon.

Seo-yeon: My mother baked a good pie.
Let's have it together later.

★ 다음 그림을 보고 연상하면서 영어로 말해 보세요.

★ 다음 글을 읽고 영어로 말하고 영어로 써 보세요.

민재: 나는 너무 배가 고파.

　　　나는 아침에 밥을 안 먹었거든.

　　　나는 당장 빵을 먹어야겠어.

현우: 우린 먹을 시간이 없어.

　　　점심시간까지 기다리는 것이 좋겠다.

　　　선생님이 곧 오실 거야.

서연: 엄마가 맛있는 파이를 구워 주셨어.

　　　좀 있다 함께 먹자.

1. A: I'm hungry now.
   I didn't have much breakfast.

2. A: I'm thirsty now.
   I walked for a long time.

3. A: Let's go to the school cafeteria, have some juice and talk. It's on me.

4. A: Where shall we have lunch?
   B: Anywhere you want.

5. I have time to play with you.
   I have no time to play with you.

6. I have something to tell you.
   I have nothing to say to you.

 영어의 산책

☑ 미국인의 애칭

미국인의 애칭은 부르기 쉽게 짧게 해서 부르며 악의가 없는 말들이다. 길어져 애칭이 되는 것도 있다.

1. Robert: Bob
2. Catherine: Cathy, Kate, Kitty
3. Elizabeth: Beth, Bess, Eliza, Liza
4. Josephine(여자), Joseph(남자): Jo
5. John: Johnny

★ 다음 밑줄 친 부분의 말을 영어로 바꾸어 말해 보세요.

1. I have something <u>to tell</u>.
    (1) to give
    (2) to eat
    (3) to read
    (4) to drink

2. I have nothing <u>to tell</u>.
    (1) to give
    (2) to eat
    (3) to read
    (4) to drink

★ 다음 두 사람의 대화를 영어로 말해 보세요.

1. A 나는 지금 배가 고파.
     나는 아침식사를 많이 먹지 않았어.

2. A 나는 지금 갈증이 나.
     나는 오랜 시간 걸었어.

3. A 우리 어디에서 점심 먹을까?
   B 네가 원하는 아무 데나.

★ 본문의 내용을 생각하면서 다음 질문에 답해 보세요.

1. 민재는 왜 점심시간이 되기 전에 빵을 먹으려고 했나요? (우리말로)

2. 점심시간까지 기다리자고 말한 학생은 누구인가요? (우리말로)

3. 누가 민재 보고 파이를 같이 먹자고 하였나요? (우리말로)

WE'RE HAVING A BASEBALL GAME THIS AFTERNOON.

Hyun-woo: We're having a baseball game this
afternoon.
Why didn't you play last time?

Min-jae: I was absent from school.
I was sick.

Hyun-woo: Are you all right now?
Min-jae: Yes, I am.

Hyun-woo: You are a good baseball player.
Min-jae: Thanks. Let's try our best.

★ 다음 그림을 보고 연상하면서 영어로 말해 보세요.

★ 다음 글을 읽고 영어로 말하고 영어로 써 보세요.

현우: 오늘 오후에 우리는 야구 시합이 있을 거야.

　　　너는 왜 지난번에 경기를 안 했지?

민재: 학교에 결석했거든.

　　　난 아팠어.

현우: 지금은 괜찮니?

민재: 응, 그래.

현우: 너는 훌륭한 야구선수야.

민재: 고마워. 우리 최선을 다하자.

PATTERN PRACTICE

1. A: Why were you absent yesterday?
   B: I was ill.

2. A: Why didn't you play last time?
   B: I hurt my knee.

3. A: Are you all right now?
   B: Yes, I'm all right.

4. A: Are you all right now?
   B: No, I'm not well.

5. I was absent from school.
   I was present at school.

6. Let's try our best.
   Do your best.

LESSON 12

 영어의 산책

☑ 틀리기 쉬운 표현들

1. 애들아! Boys!
   남자 1명, 여자 5명이 있을 때도 부를 때 'Boys!'라고 한다.
   여자아이들만 있을 때는 'Hey! Girls!'라고 부르기도 한다.
   집에서는 '애들아!'라고 부를 때 'Children!'이라고 한다.

2. 저 민재예요! It's me Min-jae.
   문이 닫혀 있을 때 '누구냐?'라고 묻고 대답하는 장면
   Who are you? (X)   Who is it? (O)
   I am Min-jae. (X)   It's me Min-jae. (O)

★ 다음 밑줄 친 부분의 말을 영어로 바꾸어 말해 보세요.

1. We're having a <u>baseball</u> game this afternoon.
   (1) baskctball
   (2) handball
   (3) football
   (4) volleyball

2. <u>Are you</u> all right now?
   (1) Aren't you
   (2) Is he
   (3) Isn't he
   (4) Is your brother

★ 다음 두 사람의 대화를 영어로 말해 보세요.

1. Ⓐ 왜 어제 결석했니?
   Ⓑ 아팠어.

2. Ⓐ 왜 지난번에 경기를 못 했니?
   Ⓑ 나는 무릎을 다쳤어.

3. Ⓐ 지금은 괜찮니?
   Ⓑ 응, 괜찮아.

★ 본문의 내용을 생각하면서 다음 질문에 답해 보세요.

1. 현우와 민재가 오늘 야구 경기에서의 각오를 말한 문장은? (영어로)

2. 지난 시간에 야구를 하지 않은 학생은? (우리말로)

3. 현우와 민재 중에서 누가 야구를 더 잘하나요? (우리말로)

ARE YOU HUNGRY NOW?

LESSON 13

Seo-yeon: Are you hungry now?
Min-jae: Sure. I'm hungry and thirsty.

Seo-yeon: Let's go to eat hamburgers.
Min-jae: That sounds good to me.

Seo-yeon: Well, what will you have, Min-jae?
Min-jae: A hamburger and an orange juice.
　　　　　How about you?

Seo-yeon: I guess I'll have the same.

★ 다음 그림을 보고 연상하면서 영어로 말해 보세요.

★ 다음 글을 읽고 영어로 말하고 영어로 써 보세요.

서연: 지금 배고프니?

민재: 그럼. 난 배도 고프고 목도 말라.

서연: 햄버거집에 가자.

민재: 그거 좋지.

서연: 그런데, 넌 뭘 먹을래, 민재야?

민재: 햄버거와 오렌지주스.
　　 너는?

서연: 너와 같은 걸로 할래.

1. A: Are you hungry now?
   B: Yes, let's go to the bakery.

2. A: Are you sick now?
   B: Yes, let's go to the doctor.

3. A: What will you have?
   B: A sandwich and milk.

4. A: How about you?
   B: The same for me.

5. A: What kind of food do you like?
   B: I like curried rice.

6. A: What kind of fruit do you like?
   B: I like bananas.

LESSON 13

 영어의 산책

☑ 샌드위치(Sandwich)의 유래

샌드위치는 18세기 영국의 Sandwich 백작이 생각해 낸 것이라고 한다. 이 백작은 도박을 너무 좋아해서 식사 중에도 도박을 할 수 있도록 빵 사이에 햄이나 채소를 넣어 먹었다고 한다. 이것이 샌드위치의 기원이라고 한다.

★ 다음 밑줄 친 부분의 말을 영어로 바꾸어 말해 보세요.

1. What kind of <u>food</u> do you like?
   (1) fruit
   (2) ice cream
   (3) tea
   (4) juice

2. Let's go to the <u>hamburger's</u>.
   (1) bakery
   (2) restaurant
   (3) library
   (4) bookstore

★ 다음 두 사람의 대화를 영어로 말해 보세요.

1. A 당신은 지금 배가 고픕니까?
   B 예, 빵집으로 갑시다.

2. A 당신은 지금 아픕니까?
   B 예, 의사에게 가 봅시다.

3. A 당신은 어떻게 하시겠어요?
   B 나도 같은 것으로요.

★ 본문의 내용을 생각하면서 다음 질문에 답해 보세요.

1. 서연이가 민재와 같은 것으로 먹겠다고 말한 문장은? (영어로)

2. 민재와 서연이가 들른 곳은? (우리말로)

3. 민재와 서연이가 먹은 것은? (우리말로)

IS THAT YOU, MIN-JAE?

LESSON 14

Mom: Is that you, Min-jae?
Min-jae: Yes, Mom, it's me. I'm home.

Mom: Did you have a baseball game?
Min-jae: Yes, I did. We won the game.

Mom: You are very happy, aren't you?
Min-jae: Of course. I'm very happy today.

Mom: You have to take a bath before dinner.
Min-jae: O.K. Mom.

★ 다음 그림을 보고 연상하면서 영어로 말해 보세요.

★ 다음 글을 읽고 영어로 말하고 영어로 써 보세요.

엄마: 민재, 너니?
민재: 예, 엄마. 저예요. 다녀왔습니다.

엄마: 야구경기 했니?
민재: 예, 했어요. 우리가 시합에 이겼어요.

엄마: 너 좋겠구나. 그렇지?
민재: 물론이지요. 전 오늘 참 기뻐요.

엄마: 넌 저녁식사 전에 목욕을 해야 한단다.
민재: 예, 엄마.

1. A: Is that you, Hyun-woo?
   B: Yes, Mom. It's me.

2. A: Who is it?
   B: It's me, Hyun-woo.

3. You're happy, aren't you?
   You're not bad, are you?

4. It's fine today, isn't it?
   It isn't cloudy today, is it?

5. You have to take a bath twice a week.
   You have to wash your hair three times a week.

6. You had better take a bath before going to bed.
   Please take a bath twice a week.

LESSON 14

 영어의 산책

☑ Who are you?와 Who is it?의 차이점

1. 'Who are you?'는 상대방을 바라보고 '누구냐?'라고 물을 때
2. 'Who is it?'은 보이지 않는 상대에게 '누구냐?'라고 물을 때

☑ it의 특별용법

날씨, 거리, 시간, 요일 등을 나타낼 때는 it을 해석하지 않는다.
It is fine today.
It is five miles.
It is seven o'clock.
It is Sunday today.

★ 다음 밑줄 친 부분의 말을 영어로 바꾸어 말해 보세요.

1. You're <u>happy</u>, aren't you?
   (1) sad
   (2) busy
   (3) surprised
   (4) pleased

2. It's <u>fine</u> today, isn't it?
   (1) cloudy
   (2) rainy
   (3) snowy
   (4) sunny

★ 다음 두 사람의 대화를 영어로 말해 보세요.

1. Ⓐ 현우, 너니?
   Ⓑ 예, 엄마, 저예요.

2. Ⓐ 누구니?
   Ⓑ 저 현우예요.

3. Ⓐ 일주일에 두 번은 목욕을 해야 한다.
   Ⓑ 예, 할 거예요.

★ 본문의 내용을 생각하면서 다음 질문에 답해 보세요.

1. 민재가 집에 돌아왔을 때 엄마에게 무엇이라고 했나요? (영어로)

2. 민재가 학교에서 즐거웠던 이유는? (우리말로)

3. 민재가 저녁식사 전에 한 일은? (우리말로)

LESSON 15(FIFTEEN)

GOOD EVENING, DAD.

Min-jae: Good evening, Dad.
Dad: Good evening, Min-jae.

Dad: Weren't you late for school this morning?
Min-jae: No, I wasn't. I took a bus easily.

Dad: I'm sorry I couldn't take you to school in the
      morning.
Min-jae: That's all right, Dad. I'm tired today.

Mom: Go to bed early today. Good night.
Min-jae: Yes, Mom. Good night.

LESSON 15

63

★ 다음 그림을 보고 연상하면서 영어로 말해 보세요.

★ 다음 글을 읽고 영어로 말하고 영어로 써 보세요.

민재: 다녀오셨어요, 아빠.
아빠: 응, 그래. 민재야.

아빠: 너 오늘 아침 학교에 늦지 않았니?
민재: 예, 안 늦었어요. 버스를 쉽게 탔거든요.

아빠: 아침에 널 학교에 데려다주지 못해서 미안하다.
민재: 괜찮아요, 아빠. 전 오늘 피곤해요.

엄마: 오늘은 일찍 가서 자거라. 잘 자.
민재: 예, 엄마. 안녕히 주무세요.

1. A: Were you late for school yesterday?
   B: No, I wasn't.

2. A: Weren't you late for school the day before yesterday?
   B: No, I wasn't.

3. A: I'm sorry I can't take you to your school.
   B: That's O.K.

4. A: I'm sorry I can't pick you up at your school.
   B: That's all right.

5. I took a bus.
   I got off the bus.

6. I ride a horse.
   I dismount a horse.

 영어의 산책

☑ 여러 가지 소리의 표현들

1. 전화벨 소리
   우리나라에서: 따르릉! 따르릉!
   영국, 미국에서: Ring! Ring!

2. 시계 소리
   우리나라에서: 똑딱! 똑딱!
   영국, 미국에서: Tick-tock! Tick-tock!

★ 다음 밑줄 친 부분의 말을 영어로 바꾸어 말해 보세요.

1. I'm sorry I can't <u>take you to school</u>.
   (1) drive you to school
   (2) bring you home
   (3) come along with you
   (4) go with you

2. I'm <u>tired</u> today.
   (1) bored
   (2) pleased
   (3) happy
   (4) sad

★ 다음 두 사람의 대화를 영어로 말해 보세요.

1. Ⓐ 너 학교에 늦었니?
   Ⓑ 아니, 안 늦었어.

2. Ⓐ 너 학교에 늦지 않았니?
   Ⓑ 응, 안 늦었어.

3. Ⓐ 학교에 데려다주지 못해 미안해.
   Ⓑ 괜찮아요.

★ 본문의 내용을 생각하면서 다음 질문에 답해 보세요.

1. 오늘 저녁에 엄마가 민재에게 한 말은? (영어로)

2. 아버지가 민재에게 미안하다고 말한 이유는? (우리말로)

3. 민재가 오늘 일찍 자려는 이유는? (우리말로)

MAY I SPEAK TO SEO-YEON?

Min-jae: Hello, may I speak to Seo-yeon?
Mrs. Park: Who's calling, please?

Min-jae: This is Min-jae speaking.
Mrs. Park: Just a moment.

Seo-yeon: Hello, Min-jae. How are you?
Min-jae: I'm fine, thank you.

Min-jae: How are you this morning?
Seo-yeon: I'm not very well.

★ 다음 그림을 보고 연상하면서 영어로 말해 보세요.

★ 다음 글을 읽고 영어로 말하고 영어로 써 보세요.

민재: 여보세요, 서연이 좀 바꿔 주세요.
박 여사: 누구시죠?

민재: 민재예요.
박 여사: 잠깐 기다리렴.

서연: 안녕, 민재야. 어떻게 지내니?
민재: 잘 지내, 고마워.

민재: 오늘 아침 어때?
서연: 그다지 좋지 않아.

1. A: Hello. May I speak to Jane?
   B: This is Jane speaking.

2. A: Hello. Can I speak to Jane?
   B: Yes, speaking.

3. A: Hello, Jane?
   B: This is she. Who's this?

4. A: Hi, Jane. This is Min-jae.
   B: Hi, Min-jae. How are you?

5. A: Hello. I'd like to speak with Jane.
   B: She is out. Who's calling, please?

6. A: This is Min-jae.
   I'll call her again later.

 영어의 산책

☑ 전화 대화와 일반 대화의 차이점

1. 제가 민재입니다.
   전화 대화에서: This is Min-jae.
   일반 대화에서: I am Min-jae.

2. 누구시지요?
   전화 대화에서: Who is this?
   일반 대화에서: Who are you?

★ 다음 밑줄 친 부분의 말을 영어로 바꾸어 말해 보세요.

1. Hello, <u>may I speak to Jane</u>?
   (1) I'd like to speak with Jane.
   (2) Jane, please.

2. <u>Just a moment</u>, please.
   (1) Just a minute
   (2) One moment
   (3) Hold the phone
   (4) Hold on

★ 다음 두 사람의 대화를 영어로 말해 보세요.

1. Ⓐ 여보세요, 제인 좀 바꾸어 주세요.
   Ⓑ 외출 중인데 누구시지요?

2. Ⓐ 저 민재인데요.
   후에 다시 전화드릴게요.

3. Ⓐ 여보세요, 제인 좀 바꾸어 주세요.
   Ⓑ 제가 제인인데요.

★ 본문의 내용을 생각하면서 다음 질문에 답해 보세요.

1. '제가 민재입니다.'라고 말할 때 표현은? (영어로)

2. 민재의 전화를 처음 받은 사람은? (우리말로)

3. 서연이의 대답으로 알 수 있는 것은? (우리말로)

I HAVE A COLD.

Min-jae: Are you ill now?

Seo-yeon: Yes, I am. I have a bad cold.

Min-jae: Oh, that's too bad.
Can you go to school tomorrow?

Seo-yeon: No, I can't. I have a fever.
I'll be absent from school tomorrow.

Min-jae: Take care of yourself.

Seo-yeon: Thanks. See you later.

★ 다음 그림을 보고 연상하면서 영어로 말해 보세요.

★ 다음 글을 읽고 영어로 말하고 영어로 써 보세요.

민재: 너 지금 아프니?

서연: 응, 그래. 나 독감 걸렸어.

민재: 오, 참 안되었구나.

　　　너 내일 학교에는 갈 수 있겠니?

서연: 아니, 갈 수 없어. 열이 있거든.

　　　나 내일 학교에 결석하게 될 거야.

민재: 몸조심해.

서연: 고마워, 나중에 보자.

1. A: Are you sick now?
   B: Yes, I have a fever.

2. A: Sorry to hear that.
      You'd better see the doctor.

---

3. A: Are you ill now?
   B: No. I am well already.

4. A: Sounds good.
   B: Thank you very much.

---

5. A: I hurt my foot.
   B: Your foot is swollen.

6. A: I walked for a long time.
      Wow! That is killing me!

 영어의 산책

☑ 통증을 나타내는 여러 가지 병명들

    headache: 두통
    sore throat: 목의 통증
    toothache: 치통
    influenza(flu): 독감
    stomachache: 복통
    cancer: 암
    backache: 요통
    AIDS: 후천성 면역 결핍증

★ 다음 밑줄 친 부분의 말을 영어로 바꾸어 말해 보세요.

1. I have a <u>cold</u>.
   (1) fever
   (2) pain in the stomach
   (3) headache
   (4) stomachache

2. Your <u>foot</u> is swollen.
   (1) hand
   (2) finger
   (3) ankle
   (4) arm

★ 다음 두 사람의 대화를 영어로 말해 보세요.

1. Ⓐ 지금 아프니?
   Ⓑ 응, 열이 있어.

2. Ⓐ 그 말을 들으니 안됐구나.
   의사에게 가 보는 것이 좋겠구나.

3. Ⓐ 발을 다쳤어요.
   Ⓑ 네 발이 부었구나.

★ 본문의 내용을 생각하면서 다음 질문에 답해 보세요.

1. 서연이 아프다고 말할 때 민재가 무엇이라고 말했나요? (영어로)

2. 서연이 앓고 있는 병은? (우리말로)

3. 서연이 내일 학교에 못 가는 이유는? (우리말로)

I'M GOING ON A SCHOOL PICNIC TOMORROW.

Min-jae: I'm going on a school picnic tomorrow.
Mom: Wow! That's great.

Min-jae: I'd like to bring a lot of delicious food with
          me.
Mom: O.K. I will make it for you.

Dad: Where are you going to?
Min-jae: To Seoul Grand Park.

Dad: Have a good time there.
Min-jae: Thank you, Dad.

★ 다음 그림을 보고 연상하면서 영어로 말해 보세요.

★ 다음 글을 읽고 영어로 말하고 영어로 써 보세요.

민재: 난 내일 학교 소풍 가요.
엄마: 와! 좋겠다.

민재: 나는 맛있는 음식을 많이 가져가고 싶어요.
엄마: 그래, 해 줄게.

아빠: 어디로 가니?
민재: 서울대공원이에요.

아빠: 거기서 재미있게 놀아라.
민재: 고마워요, 아빠.

1. A: We're going on a picnic tomorrow.
   B: Where are you going?

2. A: We're going to Everland.
   B: That's great.

---

3. I'm going on a picnic tomorrow.
   I'm leaving Seoul tomorrow.

4. I'm going to read many books.
   I'm reading many books.

---

5. I'd like to play baseball this afternoon.
   I'd like to play the piano this evening.

6. I'd like to go shopping with my mother.
   I'd like to go fishing with my father.

LESSON 18

 영어의 산책

☑ 현재진행형은 본래의 진행의 뜻과 미래의 뜻이 있다.

1. 진행의 뜻

I am reading a book.

He is playing baseball.

2. 미래의 뜻

I am reading a book tomorrow.

He is coming soon.

★ 다음 밑줄 친 부분의 말을 영어로 바꾸어 말해 보세요.

1. I'm going on <u>the school picnic</u> tomorrow.
   (1) a picnic
   (2) a trip
   (3) a journey
   (4) an errand

2. I'd like to <u>play baseball</u>.
   (1) play basketball
   (2) play the violin
   (3) go swimming
   (4) go camping

★ 다음 두 사람의 대화를 영어로 말해 보세요.

1. Ⓐ 우리는 내일 소풍을 갈 예정이에요.
   Ⓑ 어디에 갈 예정이니?

2. Ⓐ 에버랜드에 갈 예정이에요.
   Ⓑ 참 좋겠구나.

3. Ⓐ 즐겁게 보내라.
   Ⓑ 고맙습니다.

★ 본문의 내용을 생각하면서 다음 질문에 답해 보세요.

1. 민재가 소풍을 간다고 말했을 때 아버지가 한 말을 다른 말로 표현한다면? (영어로)

2. 소풍의 예정지는? (우리말로)

3. 민재는 소풍에 무엇을 가져가고 싶어 하나요? (우리말로)

LESSON 19(NINETEEN)

WHAT ARE YOU GOING TO BRING ON THE PICNIC?

Hyun-woo: Hi, Seo-yeon.
Seo-yeon: Hi, Hyun-woo.

Hyun-woo: What are you going to bring on the picnic?
Seo-yeon: I'm going to bring some cookies and coke.
How about you, Hyun-woo?
Hyun-woo: I haven't decided yet, but Min-jae is going
to bring a lot of delicious food.

Seo-yeon: What about oranges?
Hyun-woo: That's a good idea. I'll bring some
oranges and cookies.

LESSON 19

★ 다음 그림을 보고 연상하면서 영어로 말해 보세요.

★ 다음 글을 읽고 영어로 말하고 영어로 써 보세요.

현우: 안녕, 서연아.

서연: 안녕, 현우야.

현우: 소풍 갈 때 무얼 가져갈 거지?

서연: 약간의 과자와 콜라를 가져갈 거야. 넌 어떻게 할 거니, 현우야?

현우: 난 아직 결정을 못 했어. 그렇지만 민재가 맛있는 음식을 많이 가져
　　올 거야.

서연: 오렌지 어떠니?

현우: 그거 좋은 생각이다. 난 약간의 오렌지와 과자를 가져오겠어.

PATTERN PRACTICE

1. A: What are you going to bring on the picnic?
   B: I'm going to bring some cookies and candies.

2. A: How about you?
   B: I'm going to bring some apples and bread.

3. A: What will you bring on the picnic?
   B: I'll bring some oranges and coke.

4. A: What shall I bring to the picnic?
   B: Bring a lot of delicious food.

5. A: When are you leaving Seoul?
   B: I'm leaving Seoul soon.

6. A: When will he arrive in Seoul?
   B: He will arrive in Seoul tomorrow.

 영어의 산책

☑ "Thank you."와 "No, thank you."

"Thank you."는 영어권에 사는 사람들이 가장 자주 쓰는 말 중 하나이다. 영국인이나 미국인들은 작은 친절을 입게 되더라도 반드시 "Thank you."라고 감사의 표시를 한다. 또 다른 사람이 어떤 제안을 하였을 때 거절하고 싶으면 "No, thank you." 즉 "고맙지만 사양하겠다."라고 말한다.

 문형연습

★ 다음 밑줄 친 부분의 말을 영어로 바꾸어 말해 보세요.

1. What are you going to <u>bring on the picnic</u>?
   (1) read
   (2) draw
   (3) do now
   (4) do tomorrow

2. I'm going to <u>bring some cookies and coke</u>.
   (1) read a storybook
   (2) draw some animals
   (3) do my homework
   (4) make a model airplane

★ 다음 두 사람의 대화를 영어로 말해 보세요.

1. A 내가 소풍에 무엇을 가져올까?
   B 맛있는 음식 많이 가져와.

2. A 너 서울을 언제 떠날 거니?
   B 나는 서울을 곧 떠날 거야.

3. A 그는 서울에 언제 도착할 거니?
   B 그는 서울에 내일 도착할 거야.

★ 본문의 내용을 생각하면서 다음 질문에 답해 보세요.

1. 서연이가 소풍에 가지고 가는 것은? (영어로)

2. 민재가 소풍에 가지고 가는 것은? (우리말로)

3. 현우가 서연이의 조언으로 소풍에 가지고 가는 것은? (우리말로)

HAPPY BIRTHDAY, MIN-JAE.

Seo-yeon: Hi, Min-jae.

Min-jae: Hello, Seo-yeon.
        Come in, please.

Seo-yeon: Happy birthday, Min-jae.
        I brought you a birthday gift.

Min-jae: Wow! It's a beautiful album.
        Thank you very much.

Seo-yeon: Let's light the candles and sing "Happy
        Birthday" together.

★ 다음 그림을 보고 연상하면서 영어로 말해 보세요.

★ 다음 글을 읽고 영어로 말하고 영어로 써 보세요.

서연: 안녕, 민재야.

민재: 안녕, 서연아.

　　　들어와.

서연: 생일을 축하해, 민재야.

　　　생일선물을 사 왔어.

민재: 와! 예쁜 앨범이구나.

　　　매우 고마워.

서연: 촛불을 켜고 다 같이 "생일 축하 노래"를 부르자.

1. A: This is for you.
   B: Thanks a lot.

2. A: Open it.
   B: Wow! This is what I have wanted.

---

3. A: Let's sing "A birthday song" together.
   B: O.K.

4. A: Blow out the candles.
   B: Hu......

---

5. A: Cut the cake.
   B: Help yourselves.

6. A: Very delicious!
   B: Thank you.

 영어의 산책

☑ 각국의 별명(Nickname): 미국인들은 다른 나라 사람들을 아래의 별명으로 부르기도 한다.

영국인: John Bull
프랑스인: Lewis Baboon
미국인: Uncle Sam
러시아인: Ivanovich
독일인: Cousin Michael
일본인: Jap

★ 다음 밑줄 친 부분의 말을 영어로 바꾸어 말해 보세요.

1. I bought <u>an album</u> for your birthday.
   (1) a picture
   (2) a doll
   (3) a storybook
   (4) a record

2. It's a <u>beautiful album</u>.
   (1) wonderful picture
   (2) pretty doll
   (3) storybook
   (4) popular record

★ 다음 두 사람의 대화를 영어로 말해 보세요.

1. Ⓐ 이거 네 거야.
   Ⓑ 무척 고마워.

2. Ⓐ 열어 봐.
   Ⓑ 와! 이건 내가 바라던 거야.

3. Ⓐ 케이크를 잘라.
   Ⓑ 마음껏 먹어.

★ 본문의 내용을 생각하면서 다음 질문에 답해 보세요.

1. 오늘은 누구의 생일인가요? (영어로)

2. 서연이가 가지고 온 생일선물은? (우리말로)

3. 누가 생일 노래를 부르자고 했나요? (우리말로)

IS IT COLD OUTSIDE?

Min-jae: Is it cold outside, Mom?
Mom: No, it's not very cold.

Min-jae: I'll go skating with my friends.
Mom: Where are you going?

Min-jae: I'm going to Nodeulseom Skating Rink.
Mom: How long does it take to get there by bus?

Min-jae: It takes about an hour by bus.
Mom: You must come back by seven in the evening.

★ 다음 그림을 보고 연상하면서 영어로 말해 보세요.

★ 다음 글을 읽고 영어로 말하고 영어로 써 보세요.

민재: 밖에 추워요, 엄마?

엄마: 아니, 그렇게 춥지 않다.

민재: 친구들과 스케이트 타러 갈래요.

엄마: 어디에 갈 거니?

민재: 노들섬 스케이트장에 갈래요.

엄마: 거기 가는 데 버스로 얼마나 걸리니?

민재: 버스로 약 1시간쯤 걸려요.

엄마: 저녁 7시까지는 돌아와야 한다.

PATTERN PRACTICE

1. A: Is it hot today?
   B: Yes, it is. Let's go swimming this afternoon.

2. A: Where shall we go?
   B: To the swimming pool near our school.

3. A: Is it raining now?
   B: No, it isn't.

4. A: How about going swimming?
   B: That's a good idea.

5. A: What time must I come back?
   B: You must come back by seven in the evening.

6. A: When must I come home?
   B: You must come home at seven.

 영어의 산책

☑ 날씨를 나타내는 말에 y를 붙이면 형용사가 되는 말들

rain – rainy
snow – snowy
cloud – cloudy
sun – sunny
wind – windy
storm – stormy
fog – foggy
ice – icy

LESSON 21

 문형연습

★ 다음 밑줄 친 부분의 말을 영어로 바꾸어 말해 보세요.

1. Is it <u>cold</u> today?
   (1) warm
   (2) cool
   (3) cloudy
   (4) sunny

2. How about <u>going swimming</u>?
   (1) going camping
   (2) reading this book
   (3) orange juice
   (4) a glass of milk

★ 다음 두 사람의 대화를 영어로 말해 보세요.

1. Ⓐ 지금 비 와요?
   Ⓑ 아니, 안 와.

2. Ⓐ 수영하러 가는 것 어때?
   Ⓑ 그거 참 좋은 생각이야.

3. Ⓐ 몇 시에 집에 돌아와야 해요?
   Ⓑ 저녁 7시까지 돌아와야 해.

★ 본문의 내용을 생각하면서 다음 질문에 답해 보세요.

1. 민재는 친구와 함께 무엇을 하려고 하나요? (영어로)

2. 민재는 오늘 어디에 가려고 하나요? (우리말로)

3. 엄마가 민재에게 몇 시까지 돌아오라고 하였나요? (우리말로)

HOW DO YOU DO, JANE?

Min-jae: Seo-yeon, this is Jane.
Jane, this is Seo-yeon.

Jane: How do you do, Seo-yeon?
Seo-yeon: How do you do, Jane?

Seo-yeon: Nice to meet you.
Jane: Nice to meet you, too.

Seo-yeon: Where are you from?
Jane: I'm from New York.

★ 다음 그림을 보고 연상하면서 영어로 말해 보세요.

★ 다음 글을 읽고 영어로 말하고 영어로 써 보세요.

민재: 서연아, 이 애가 제인이야.

제인, 이 애가 서연이야.

제인: 안녕, 서연?

서연: 안녕, 제인?

서연: 만나서 반가워.

제인: 역시 만나서 반가워.

서연: 어디서 왔어?

제인: 뉴욕에서 왔어.

1. A: Jane, this is my sister, Han-na.
   B: Hello, Jane.

2. A: Hello, Han-na. Glad to meet you.
   B: Glad to meet you, too.

3. A: Let me introduce myself.
   My name is Min-jae.

4. A: I'm Korean.
   I'm from Seoul.

5. A: Let me introduce Jane to you.
   B: Hi, Jane. Nice to meet you.

6. A: Nice to meet you, too.
   I've heard about you from your brother.

 영어의 산책

☑ 친구와 관련된 영어 표현

1. a bosom friend 친한 친구
2. A friend in need is a friend indeed.
   (어려울 때 친구가 진짜 친구다.)
3. A friend to everybody is a friend to nobody.
   (모든 사람의 친구는 그 누구의 친구도 아니다.)

 문형연습

★ 다음 밑줄 친 부분의 말을 영어로 바꾸어 말해 보세요.

1. Where <u>are you</u> from?
   (1) is hc
   (2) is she
   (3) is your teacher
   (4) is your friend

2. I'm from <u>Korea</u>.
   (1) Seoul
   (2) New York
   (3) Canada
   (4) France

★ 다음 두 사람의 대화를 영어로 말해 보세요.

1. Ⓐ 저를 소개하겠습니다.
   저의 이름은 방민재입니다.

2. Ⓐ 저는 한국인입니다.
   저는 서울에서 왔습니다.

3. Ⓐ 안녕, 제인.
   만나서 반가워.

★ 본문의 내용을 생각하면서 다음 질문에 답해 보세요.

1. 처음 만났을 때 인사는? (영어로)

2. 누가 누구를 누구에게 소개하는 것인가요? (우리말로)

3. 제인의 고향은? (우리말로)

CAN YOU SPEAK KOREAN, JANE?

Seo-yeon: Can you speak Korean, Jane?
Jane: A little.

Seo-yeon: Where did you learn Korean?
Jane: I learned it from my friend, Woo-jin, in New York.

Seo-yeon: You speak Korean very well.
Jane: Thank you.

Seo-yeon: You're welcome.
I am happy to know you.

★ 다음 그림을 보고 연상하면서 영어로 말해 보세요.

★ 다음 글을 읽고 영어로 말하고 영어로 써 보세요.

서연: 한국어 할 수 있어, 제인?
제인: 조금.

서연: 어디서 한국어를 배웠어?
제인: 뉴욕에 있는 친구 우진에게 배웠어.

서연: 너는 한국어를 아주 잘하는구나.
제인: 고마워.

서연: 천만에.
　　　너를 알게 되어 기뻐.

PATTERN PRACTICE

1. A: Can you speak English?
   B: Yes, a little.

2. A: Where did you learn English?
   B: I learned it at school.

3. A: Can you speak Korean, Mary?
   B: Yes, I can speak Korean very well.

4. B: I learned it from my mother.
   My mother is Korean.

5. A: Can your father speak English?
   B: Yes, he can speak English very well.

6. B: My father has been in New York for five years.
   He graduated from Harvard University.

 영어의 산책

☑ 영어에 대한 이야기

1. 고대영어(450~1150)
   4세기경 영국에 정착한 앵글족(Angles), 색슨족(Saxons)들이 원주민이 사용하던 말과 스칸디나비아어, 라틴어 등으로부터 많은 어휘를 받아들여 사용하였는데 이를 일반적으로 고대영어라고 한다.

2. 중세영어(1100~1500)
   1066년 프랑스어를 사용하는 노르만인이 영국을 정복하여 상류층은 프랑스어를 사용하고 일반 서민이 사용하는 영어에 더 많은 프랑스어 단어가 쓰이게 되었다. 이를 중세영어라고 한다.

★ 다음 밑줄 친 부분의 말을 영어로 바꾸어 말해 보세요.

1. <u>Where</u> did you learn English?
   (1) When
   (2) From whom
   (3) How
   (4) Why

2. I learned it <u>at school</u>.
   (1) at nine
   (2) from my dad
   (3) by talking
   (4) to go to America

★ 다음 두 사람의 대화를 영어로 말해 보세요.

1. Ⓐ 당신은 한국어를 말할 수 있습니까?
   Ⓑ 예, 할 수 있습니다.

2. Ⓐ 당신은 누구로부터 한국어를 배웠습니까?
   Ⓑ 나는 나의 어머니로부터 한국어를 배웠습니다.

3. Ⓐ 당신의 어머니는 한국에서 살았습니까?
   Ⓑ 예, 그녀는 10년 동안 한국에서 살았습니다.

★ 본문의 내용을 생각하면서 다음 질문에 답해 보세요.

1. '감사합니다.'에 대한 '천만에요.'라는 표현은? (영어로)

2. 제인의 한국인 친구는 어디에 사나요? (우리말로)

3. 제인의 한국어 실력은 어느 정도인가요? (우리말로)

HOW LONG ARE YOU GOING TO STAY IN KOREA?

Min-jae: How long are you going to stay in Korea?
Jane: I'm going to stay here for two weeks.

Min-jae: Is this your first visit to Korea?
Jane: Yes, it is.

Min-jae: There are many beautiful places in Korea.
Jane: I want to take a tour during my stay in Korea.

Min-jae: How about going to the Folk Village?
Jane: That sounds good.

★ 다음 그림을 보고 연상하면서 영어로 말해 보세요.

★ 다음 글을 읽고 영어로 말하고 영어로 써 보세요.

민재: 한국에 얼마 동안 머물 예정이니?
제인: 2주 동안 여기에 머물 예정이야.

민재: 이번이 한국 첫 방문이니?
제인: 응, 그래.

민재: 한국에는 아름다운 곳이 많아.
제인: 난 한국에 있는 동안 관광을 하고 싶어.

민재: 민속촌에 가 보는 것이 어때?
제인: 그거 좋지.

1. A: How long will you stay in Seoul?
   B: I will stay for a week.

2. A: How long have you been in Seoul?
   B: I have been in Seoul for a year.

3. A: Is this your first visit to Seoul?
   B: No, it isn't. It's the third.

4. A: How many times did you visit Seoul?
   B: I visited Seoul three times.

5. A: How old are you?
   B: I'm twelve years old.

6. A: How tall is your brother?
   B: He is five feet tall.

LESSON 24

 영어의 산책

3. 현대영어(1500~현재)

15세기에 이르러 런던을 중심으로 사용되던 영어가 1475년 윌리엄 캑스턴에 의해 도입된 인쇄술로 수많은 책들이 보급되었고, 특히 셰익스피어는 작품을 통해 체계적으로 현대영어를 정립하였다.

4. 영국영어와 미국영어

1620년 청교도들이 메이플라워호를 타고 영국에서 미국으로 건너온 후 약 200 년 이상 역사적 사회적 변화에 따라 어휘, 발음, 철자법 등이 조금씩 변화하게 되었다. 영국인이 쓰는 말을 영국영어, 미국인이 쓰는 말을 미국영어라고 한다.

★ 다음 밑줄 친 부분의 말을 영어로 바꾸어 말해 보세요.

1. How <u>old are you</u>?
   (1) tall is he
   (2) long is this pencil
   (3) wide is the river
   (4) tall is the tree

2. <u>I'm twelve years old</u>.
   (1) He's five feet tall
   (2) It's twelve centimeters long
   (3) It's two miles wide
   (4) It's 10 feet tall

★ 다음 두 사람의 대화를 영어로 말해 보세요.

1. Ⓐ 당신은 서울에 얼마나 오래 머물 것입니까?
   Ⓑ 나는 일주일 동안 머물겠습니다.

2. Ⓐ 너는 서울에 얼마나 오래 있었니?
   Ⓑ 나는 서울에 1년 동안 있었어.

3. Ⓐ 당신은 서울에 몇 번 방문했습니까?
   Ⓑ 나는 서울에 3번 방문했습니다.

★ 본문의 내용을 생각하면서 다음 질문에 답해 보세요.

1. 한국에 얼마나 머물 것인가 물어보는 표현은? (영어로)

2. 제인의 한국 방문은 몇 번째인가요? (우리말로)

3. 민재가 제인에게 권유한 관광지역은? (우리말로)

A TOUR IN FOLK VILLAGE

Min-jae: Here we are.

Jane: Look! Wonderful! The houses, the gardens, the fences...

Min-jae: I'm so happy you like them.

Jane: Wow! The wedding ceremony is fantastic!

Min-jae: That is a traditional wedding ceremony. But most Koreans like a modern wedding nowadays.

Jane: I guess Korea has a long history.

Min-jae: Yes. We have a long and proud history.

★ 다음 그림을 보고 연상하면서 영어로 말해 보세요.

★ 다음 글을 읽고 영어로 말하고 영어로 써 보세요.

민재: 다 왔다.

제인: 야! 굉장하다! 집들, 정원들, 울타리들...

민재: 네가 좋아하니 나도 참 기뻐.

제인: 와! 결혼식이 환상적이구나.

민재: 그건 전통결혼식이야.

　　　그러나 요즘 대다수의 한국인들은 현대식 결혼을 좋아해.

제인: 한국은 오랜 역사를 가졌다고 생각해.

민재: 그래, 우린 길고 자랑스러운 역사를 가지고 있어.

1. A: Fantastic!
   I've never seen such a beautiful sight.

2. B: Yes. It's fantastic.
   I've once visited here with my family.

3. A: Look at their hair styles.
   They're strange.

4. B: Oh, its name is "Sang-tu" in Korean.
   Along time ago men had such a hair style after their marriage.

5. A: Most people here wear white clothes.
   I guess they like white.

6. B: That's right.
   Most Koreans wear colorful clothes now.

 영어의 산책

☑ 디즈니랜드(Disneyland)

디즈니랜드는 미키 마우스, 도날드 덕 등 세계적인 만화를 만들어 낸 월트 디즈니가 창설한 세계 유수의 규모와 설비를 가진 유원지이다. 1955년 디즈니는 어린이들뿐만 아니라 어른들까지도 즐길 수 있는 유원지를 로스엔젤레스 교외 40km 떨어진 애너하임의 오렌지밭을 개발하여 만들었다. 그 후에도 여러 번 확장되었다.

LESSON 25

★ 다음 밑줄 친 부분의 말을 영어로 바꾸어 말해 보세요.

1. Have you ever seen such a <u>beautiful sight</u>?
   (1) strange sight
   (2) strange boy
   (3) big doll
   (4) beautiful country

2. I've once visited <u>here</u> with my family.
   (1) Seoul
   (2) Folk Village
   (3) New York
   (4) Everland

★ 다음 두 사람의 대화를 영어로 말해 보세요.

1. Ⓐ 그들의 옷 색깔을 보세요.
   참 깨끗하네요.

2. Ⓐ 이곳의 대부분의 사람들은 흰 옷을 입네요.
   그들은 흰색을 좋아하는 것 같아요.

3. Ⓑ 맞습니다.
   지금은 대부분의 한국인들이 색깔 있는 옷을 입고 있네요.

★ 본문의 내용을 생각하면서 다음 질문에 답해 보세요.

1. 제인이 민속촌에 와서 처음 본 것들은? (영어로)

2. 제인이 민속촌에서 가장 감명 깊게 본 것은? (우리말로)

3. 제인은 한국이 어떤 나라라고 생각하나요? (우리말로)

해답

Lesson 1   p. 10

★ 다음 두 사람의 대화를 영어로 말해 보세요.

1. **A** Wake up, wake up, Hyun-woo.
   You're late every morning.

2. **A** Hurry up, Hyun-woo.
   You're late .

3. **A** What time is it now?
   B It is seven-thirty. (혹은 It is half past seven.)

★ 본문의 내용을 생각하면서 다음 질문에 답해 보세요.

1. You're late this morning again.
2. It is (already) seven-thirty.
3. 아침

Lesson 2   p. 14

★ 다음 두 사람의 대화를 영어로 말해 보세요.

1. **A** Wash your hands before meals.
   B O.K.

2. **A** Can you give me a ride to school?
   B I'm sorry I can't.

3. **A** You'd better go to school by bus.
   B Okay, I will.

★ 본문의 내용을 생각하면서 다음 질문에 답해 보세요.

1. I'm very late for school.
2. 자동차
3. 아버지

Lesson 3   p. 18

★ 다음 두 사람의 대화를 영어루 말해 보세요.

1. **A** Mom, where are my socks?
   B They're on the bed.

2. **A** Look out for cars. (혹은 Be careful of cars.)
   B Yes, I will. (혹은 O.K. I will.)

3. **A** Watch out!
   B Thank you.

★ 본문의 내용을 생각하면서 다음 질문에 답해 보세요.

1. It's in his school bag already.
2. Look out for cars.
3. Don't worry about me.

Lesson 4   p. 22

★ 다음 두 사람의 대화를 영어로 말해 보세요.

1. **A** We're late for school.
   B Yes, let's run to school.

2. **A** We're late for the party.
   B Yes, let's get a taxi.

3. **A** After you, Seo-yeon.
   B Thank you, let's get on the bus.

★ 본문의 내용을 생각하면서 다음 질문에 답해 보세요.

1. 서연
2. 버스를 잡으려고
3. 서연

Lesson 5   p. 26

★ 다음 두 사람의 대화를 영어로 말해 보세요.

1. **A** Where is my book?
   B Here it is.

2. **A** Where is my bag?
   B Right here.

3. **A** How long does it take to go to your house by bus?
   B It takes twenty minutes by bus.

★ 본문의 내용을 생각하면서 다음 질문에 답해 보세요.
  1. The buses are always crowded during rush hour.
  2. It takes about five minutes.
  3. 걸어서

Lesson 6   p. 30

★ 다음 두 사람의 대화를 영어로 말해 보세요.
  1. **A** Watch out for the dog.
     B I got it.

  2. **A** Watch out for the car.
     B O.K.

  3. **A** What time is it?
     B It is almost eight.

★ 본문의 내용을 생각하면서 다음 질문에 답해 보세요.
  1. It is almost eight.
  2. It starts on eight o'clock.
  3. 아니요.

Lesson 7   p. 34

★ 다음 두 사람의 대화를 영어로 말해 보세요.
  1. **A** What happened to him?
     B Nobody knows.

2. **A** What's the matter?
   B Nothing.

3. **A** He's coming now. (혹은 He's coming soon.)
   B Be quiet. (혹은 Be silent.)

★ 본문의 내용을 생각하면서 다음 질문에 답해 보세요.
  1. Good morning, everyone. I'm sorry I'm late this morning.
  2. 네
  3. 선생님이 아직 안 오셔서.

Lesson 8   p. 38

★ 다음 두 사람의 대화를 영어로 말해 보세요.
  1. **A** Is anybody absent?
     B No, nobody is absent.

  2. **A** Is everybody here?
     B Yes, we're all present.

  3. **A** Sorry, I'm late. (혹은 Sorry for being late.)
     B You'd better not be late next time. (혹은 Don't be late next time.)

★ 본문의 내용을 생각하면서 다음 질문에 답해 보세요.
  1. No, she's not absent today.
  2. 지민
  3. 늦잠을 잤고, 차가 막혔다.

Lesson 9   p. 42

★ 다음 두 사람의 대화를 영어로 말해 보세요.
  1. **A** Hand in your homework. (혹은 Turn in your homework.)
     B Here it is. (혹은 Here you are.)

2. **A** What lesson are we on today?

   B At the beginning of page 17.

3. **A** What page are we on today?

   B In the middle of page 17.

★ 본문의 내용을 생각하면서 다음 질문에 답해 보세요.

   1. Good. You are my good students.

   2. 아니요.

   3. 15페이지 끝까지.

Lesson 10   p. 46

★ 다음 두 사람의 대화를 영어로 말해 보세요.

   1. **A** Open your books to page 17.

      B Yes, sir.

   2. **A** Please read after me.

      B Yes, I will.

   3. **A** Time's up. (혹은 Our Lesson is over.)

      B Thank you, sir.

★ 본문의 내용을 생각하면서 다음 질문에 답해 보세요.

   1. Page 16.

   2. 아니요.

   3. 10분

Lesson 11   p. 50

★ 다음 두 사람의 대화를 영어로 말해 보세요.

   1. **A** I'm hungry now.
      I didn't have much breakfast.

   2. **A** I'm thirsty now.
      I walked for a long time.

3. **A** Where shall we have lunch?

   B Anywhere you want.

★ 본문의 내용을 생각하면서 다음 질문에 답해 보세요.

   1. 아침밥을 먹지 않아 배가 고팠기 때문에

   2. 현우

   3. 서연

Lesson 12   p. 54

★ 다음 두 사람의 대화를 영어로 말해 보세요.

   1. **A** Why were you absent yesterday?

      B I was ill.

   2. **A** Why didn't you play last time?

      B I hurt my knee.

   3. **A** Are you all right now?

      B Yes, I'm all right.

★ 본문의 내용을 생각하면서 다음 질문에 답해 보세요.

   1. Let's try our best.

   2. 민재

   3. 민재

Lesson 13   p. 58

★ 다음 두 사람의 대화를 영어로 말해 보세요.

   1. **A** Are you hungry now?

      B Yes, let's go to the bakery.

   2. **A** Are you sick now?

      B Yes, let's go to the doctor.

   3. **A** How about you?

      B The same for me.

★ 본문의 내용을 생각하면서 다음 질문에 답해 보세요.
1. I guess I'll have the same.
2. 햄버거 가게
3. 햄버거와 오렌지 주스

Lesson 14   p. 62

★ 다음 두 사람의 대화를 영어로 말해 보세요.

1. Ⓐ Is that you, Hyun-woo?
   Ⓑ Yes, Mom. It's me.

2. Ⓐ Who is it?
   Ⓑ It's me, Hyun-woo.

3. Ⓐ You have to take a bath twice a week.
   Ⓑ O.K., I will.

★ 본문의 내용을 생각하면서 다음 질문에 답해 보세요.
1. Yes, Mom, it's me. I'm home.
2. 야구 경기에서 이겨서
3. 목욕

Lesson 15   p. 66

★ 다음 두 사람의 대화를 영어로 말해 보세요.

1. Ⓐ Were you late for school?
   Ⓑ No, I wasn't.

2. Ⓐ Weren't you late for school?
   Ⓑ No, I wasn't.

3. Ⓐ I'm sorry I can't take you to school.
   Ⓑ That's O.K.

★ 본문의 내용을 생각하면서 다음 질문에 답해 보세요.
1. Go to bed early today. Good night.

2. 아침에 차로 학교에 데려다주지 못해서
3. 피곤하기 때문에

Lesson 16   p. 70

★ 다음 두 사람의 대화를 영어로 말해 보세요.

1. Ⓐ Hello. I'd like to speak with Jane.
   Ⓑ She is out. Who's calling, please?

2. Ⓐ This is Min-jae.
   I'll call her again later.

3. Ⓐ Hello. May (혹은 Can) I speak to Jane?
   Ⓑ This is Jane speaking. (혹은 Yes, speaking.)

★ 본문의 내용을 생각하면서 다음 질문에 답해 보세요.
1. This is Min-jae speaking.
2. 박 여사님
3. 서연이의 몸 상태가 좋지 않다는 점

Lesson 17   p. 74

★ 다음 두 사람의 대화를 영어로 말해 보세요.

1. Ⓐ Are you sick now?
   Ⓑ Yes, I have a fever.

2. Ⓐ Sorry to hear that.
   You'd better see the doctor.

3. Ⓐ I hurt my foot.
   Ⓑ Your foot is swollen.

★ 본문의 내용을 생각하면서 다음 질문에 답해 보세요.
1. Take care of yourself.
2. 독감
3. 열이 있어서

★ 다음 두 사람의 대화를 영어로 말해 보세요.

1. **A** We're going on a picnic tomorrow.
   B Where are you going?

2. **A** We're going to Everland.
   B That's great.

3. **A** Have a good time there.
   B Thank you.

★ 본문의 내용을 생각하면서 다음 질문에 답해 보세요.

1. Have a nice day (혹은 Enjoy your trip).
2. 서울대공원
3. 맛있는 음식들

★ 다음 두 사람의 대화를 영어로 말해 보세요.

1. **A** What shall I bring to the picnic?
   B Bring a lot of delicious food.

2. **A** When are you leaving Seoul?
   B I'm leaving Seoul soon.

3. **A** When will he arrive in Seoul?
   B He will arrive in Seoul tomorrow.

★ 본문의 내용을 생각하면서 다음 질문에 답해 보세요.

1. She will bring some cookies and coke.
2. 많은 맛있는 음식들
3. (약간의) 오렌지들

★ 다음 두 사람의 대화를 영어로 말해 보세요.

1. **A** This is for you.
   B Thanks a lot.

2. **A** Open it.
   B Wow! This is what I have wanted.

3. **A** Cut the cake.
   B Help yourselves.

★ 본문의 내용을 생각하면서 다음 질문에 답해 보세요.

1. It is Min-jae's birthday.
2. 앨범
3. 서연

★ 다음 두 사람의 대화를 영어로 말해 보세요.

1. **A** Is it raining now?
   B No, it isn't.

2. **A** How about going swimming?
   B That's a good idea.

3. **A** What time must I come back?
   B You must come back by seven in the evening.

★ 본문의 내용을 생각하면서 다음 질문에 답해 보세요.

1. He'll go skating with his friends.
2. 노들섬 스케이트장
3. 저녁 7시

★ 다음 두 사람의 대화를 영어로 말해 보세요.

1. **A** Let me introduce myself.
   My name is Bang Min-jae. (혹은 My name is Min-jae Bang.)

2. **A** I'm Korean.
   I'm from Seoul.

3. **A** How do you do, Jane?
   Nice to meet you.

★ 본문의 내용을 생각하면서 다음 질문에 답해 보세요.
   1. How do you do?
   2. 민재가 서연과 제인을 서로에게 소개한
      다.
   3. 뉴욕

Lesson 23   p. 98

★ 다음 두 사람의 대화를 영어로 말해 보세요.
   1. **A** Can you speak Korean?
      B Yes, I can.

   2. **A** From whom did you learn Korean?
      B I learned it from my mother.

   3. **A** Did your mother live in Korea?
      B Yes, she lived in Korea for 10
           years.

★ 본문의 내용을 생각하면서 다음 질문에 답해 보세요.
   1. You're welcome.
   2. 뉴욕
   3. 매우 좋다.

Lesson 24   p. 102

★ 다음 두 사람의 대화를 영어로 말해 보세요.
   1. **A** How long will you stay in Seoul?
      B I will stay for a week.

   2. **A** How long have you been in Seoul?
      B I have been in Seoul for a year.

3. **A** How many times did you visit
        Seoul?
   B I visited Seoul three times.

★ 본문의 내용을 생각하면서 다음 질문에 답해 보세요.
   1. How long are you going to stay in
      Korea?
   2. 첫 번째
   3. 민속촌

Lesson 25   p. 106

★ 다음 두 사람의 대화를 영어로 말해 보세요.
   1. **A** Look at their clothes' colors. (혹은
          Look at the colors of their clothes.)
          They're so clean.

   2. **A** Most people here wear white
          clothes.
          I guess they like white.

   3. **B** That's right.
          Most Koreans wear colorful
          clothes now.

★ 본문의 내용을 생각하면서 다음 질문에 답해 보세요.
   1. They are the houses, the gardens, the
      fences, ...
   2. (전통) 결혼식
   3. 오랜 역사를 지닌 나라